사막의 혀

사막의 혀

방지원 시집

계간문예

| 시인의 말 |

늘 목마르게 시를 앓지만
때로 주춤거리는 감성이 아쉽습니다.
언젠가 깊은 시 한편 꼭 만날 수 있기를 소망합니다.

계간문예문학상 수상을 계기로
저에게도 시선집 엮는 행운이 왔습니다.
그동안 상재했던 다섯 권의 시집과
그 후의 시편들 중에서,
해설을 써주신 여섯 분 선생님의 시평 중에서
골자를 가렸습니다. 그리고
문학상 심사위원님의 심사평을 올렸습니다.
여러 선생님께 깊은 감사를 드립니다.

2019년 여름, 하늘 아름다운 날　방지원

■ 차례

시인의 말 • 4

제1부 평균대 위를 걷다

시에 • 12
자화상 • 13
간이역 • 14
상賞 • 15
신발 • 16
긴 아쉬움 • 17
줄광대 • 18
괄호 • 19
평균대 위를 걷다 • 20
괜찮아! • 22
불치병 • 23
3인칭 • 24
노을 • 26
사무친다는 것은 • 27
땅거미 져도 • 28

제2부 도시는 하모니카를 부네

행운 • 32
이모티콘을 보내다 • 33
도시는 하모니카를 부네 • 34
아침, 그 환한 이마 • 35
라인댄스를 하다 • 6
안구건조중 • 37
미세먼지 • 38
싱크홀 • 39
물음표 • 40
흔들린다는 것은 • 41
단추 • 42
바코드 • 43
딜러 • 44
달에서 춤을 • 45
나의 묘비명 • 46

제3부 사막의 혀

춘분 • 48
사막의 혀 • 50
나무를 듣다 • 51
머플러 • 52
사월 • 54
떠나보내기 • 55
삼월 • 56
까치소리 • 57
젖은 나무 • 58
평균 • 59
날씨장수 • 60
강변 • 61
봄날 • 62
이장移葬 • 63
바람의 얼굴로 • 64
그리운 연두 • 65

제4부 가벼워짐에 대하여

문패 • 68
느낌표 • 69
밥을 위한 • 70
폭우 • 71
~까지 • 72
오늘 • 73
관계 • 74
차 한 잔 • 75
모래시계 • 76
지붕 • 77
달팽이 • 78
사다리 • 79
별리別離 • 80
가벼워짐에 대하여 • 81
숲속 편지 • 82
말없음표 • 83
한증막 • 84
춤을 추는 것은 • 85

제5부 변명을 위한

변명을 위한 • 88
치즈가 녹기 시작하는 온도 • 89
흘러가는 것은 • 90
주저하는 왈츠 • 91
쿄스포센 폭포 • 92
인공지능 • 93
떨켜 • 94
백조의 다리를 보았나요 • 95
쇼팽과 춤을 • 96
갠지스 강 • 98
쾰른의 종소리 • 100
체인브리지 • 101
남쵸호수 • 102
한국사람 맞지요? • 104
알카자 쇼 • 105
화산재 속의 이브들 • 106

방지원 시집 해설 모음 • 108

제1부
평균대 위를 걷다

시詩에

여태 한 줄 맘 놓고 쓰지 못했네
죽도록 붉은 여름 꽃에
다 타버릴 것 같던 일
늦은 저녁 비 맞은 단풍잎 들고 했던 생각들
햇볕에 찔리면 죄가 될지 몰라
에둘러 아닌 척했던 것들과
바람도 모른 척 지나가기 원했던 것들을

이젠 소리 내어 적으려 하네
무너져 내리던 절벽 이야기도
말하면 빛바랠까 겁나는 자식일도
둥둥 북소리보다 먼저 나서고 싶지만
신발 신는 일이 더딘 일도
점점 어휘가 떠오르지 않아 고통이라는 말도
그에게 이르고 싶은 아주 사소한 일도.

자화상

질그릇도 백자도 아닌
어중간히 겸손한 도자기처럼
저만치 비켜 앉습니다
소프라노에서 알토가 될 때까지
솔로는 더욱 못 해본 채 목이 쉰
소리쟁이의 탄탄한 뒤꿈치를 따라
세상의 모든 해넘이를 보고도 싶습니다

낱말 하나 붙들고 밤을 새우지만
불쌍한 아침 문장은 늘 눈두덩만 수북합니다
혹시 울림 깊은 시 한 편 만난 날엔
하늘에 부러운 시인의 이름을 새기지요
나의 좌표도 만일 그곳에 그려진다면
큰 산 우러러
목이 길어진 여자라 쓸 겁니다.

간이역

맘이라도 조금 두고 올 걸
혼자 남겨진 마당엔
목 길어진 꽃들만 한창이겠지
허리 휜 차단기는 그 고요를 어찌 견디려나
가끔 들렀다 가는 바람처럼
선심 쓰듯 머물던 사람을
붙잡지 못한 후회가 막심할지도 몰라

어쩌다 새 길 뚫리면 서둘러
이정표 바꿔 다는 기둥 앞에서
헤어짐과 만남은 여전히 계속되겠지
맘 붙일 곳 없는 바람에겐
정갈한 의자도 권할 거야
살면서 몇 개의 역을 지나왔을까
우린 어쩜 서로의 간이역이었을지도 몰라.

상賞

골백번 넘어지며 용타용타 걸음마를 뗐던
볼 빨간 아이를 기억하시나요
그 아이가 자라서
오랫동안 울퉁불퉁 걸었음도 아시지요
다 온듯해도 끝이 보이지 않던 여정
기대했던 오로라는 만나지 못했습니다
길은 길어서 길이 되었나 봅니다

쉼 없이 달리고 걷고
타박타박 힘이 부칠 때쯤에야
볼 빨간 아이는 그 어렵다는 곳에 도착했습니다
아이의 퉁퉁 부은 발에 칭찬이 쏟아집니다
그렇게 원하던 곳에 이르러
문득 아이는 두렵습니다
박수를 마땅히 지킬 수 있을까 해서지요.

신발

열 곱절 더 큰 그림자 앞서거니 뒤서거니
얼마를 걸었을까
절묘한 동행
질깃한 비밀을 공유했지

어릴 적 어머니는 한 치수 큰 구두를 사주시며
발 크면 풀자고 뒤축에 주름을 잡으셨어
사뿐사뿐 신었지만
그 주름 풀리기 전 벌써 헌 신발
아직 자라지 않은 발등이 미안했어
더 이상 뒤축을 꿰매지 않아도 됐을 때
역마살 붙은 신작로 산과 들 세상이 좁았지
또각또각 첨벙첨벙 흩어진 무수한 이야기들

신발장엔 아직 반들반들 폼 잡는 자존심들
슬리퍼도 소용없는 호스피스 병동 선배는 알지
묶히면 마음먹었을 때 신지 못할 수도 있다는 걸.

긴 아쉬움

아직도 나를 찾는 우편물이 오고 있으려나
강물이 솟구쳐 보석이 되는 밤
뒤꿈치에 역마살 붙인 내 신발은
별을 베고 누운 반포대교를 건너
푸르른 시절을 보낸 바로 그 집으로 간다

책가방 위에 올라서서
엘리베이터 안의 버튼을 누르던 막내가
직장인이 될 때까지 우리를 지켜본
강변의 찬란한 불빛들
우리가 강을 건너려 모의할 때
굳게 닫힌 현관문을 얼마나 세차게 두드렸을까

그곳을 매정하게 떠난 후
근처에만 가도 목이 메어
건너온 강물이라도 한 사발 들이키고 싶다
아직도 나를 찾는 내밀한 언어가 도착하고 있지 않을까.

줄광대

바람과 맞서 내려주신 말을 달린다. 초원이 되고 없던 길이 생긴다. 그 길은 늘 피가 맺히지만 기진하여 아픈 줄도 모른다. 때로는 절벽을 오르다 발을 헛디딘다. 오직 천지에 피붙이 같은 분홍빛 부채를 들고 출렁이는 줄에 오른다.

팽팽하게 긴장하는 하늘 두 손가락 굵기의 동아줄 위를 사뿐 날아 한 바퀴 돌며 허공잡이 조마조마 입 벌린 아래 세상은 소스라친다. 엉덩이가 터져 선홍빛 피가 흘러도 재담과 풍자로 웃음을 흩뿌린다. 줄 한가운데서 태풍을 만나도 단호하게 되돌아가라고 말해주는 이는 없다.

접신의 경지에 이르러야 두려움이 없어진다고 수없이 떨어지는 연습을 하지만 항상 허공이 두려운 어름사니. 줄에 그가 안기는 것이 아니고 줄이 그에게 안겨야 진정 줄광대라고 그는 홀로 마음을 세운다.

괄호

감추고 싶은 일들은 모두
담장 안에 숨겼네
점점 커지고 길어지는 무한대의 기호 안에
다소곳하게 귀 막고 들앉은 또 다른 나

가끔은 와르르 허물어버리고 싶었던
스스로 만든 좌표 위에서
입술 터져라 버틴 억지 겸손
수 천 번의 해가 뜨고 달이 기우는 사이
담장은 조금씩 크기가 줄었지만
참을성 한계인 나의 분신은
담 밖의 빛깔 다른 저 너머 하늘을 그리워하네
달콤한 바람 냄새도 사뭇.

평균대 위를 걷다

반 뼘 넓이 가로대 위에서
걷기, 반듯이 눕기, 앞뒤로 구르기, 깨금발 서기까지
세상 걷기를 무섭게 가르쳤던 체육선생님
세상 다스리듯 두 팔은 늘 양쪽을 공평히
시선은 앞으로 멀리 두어야 한다고

돌아보니 참 먼 길
먼동 트는 새벽 바위를 오르고 산과 들을 달리고
빗긴 해 눈 덮인 길에서 폭풍을 만나고
평지인가 하면 곧 울퉁불퉁 비탈길이어서
비명 지를 여유도 없이 굴러 떨어질 때가 있었지

높이 걸린 태양도 가끔은 뒤뚱거리고
하늘은 함께 휘청거렸지
그럴 때마다 두 팔에 얹히는 팽팽한 기합소리
차츰 기술 좋은 어름사니처럼
굳은살 박힌 세상이 만만히 보이기도 했지

이젠 좀 천천히 걸어도 좋다는
산부추 꽃 한창인 가을 산속
외줄 곁에서 팔 잡아주던 이들 사무치게 그리운
조붓한 어깨.

괜찮아!

그동안 하늘을 보며
수없이 반성문을 고쳐 썼지
세상보다 높이 성을 쌓고
여린 심장에 빗장을 걸었던 일
온종일 들판에서 우두커니
무거운 시간들 화들짝 낭비한 일
사랑받기에만 익숙했던 일
가끔 '아니오'를 삼켜버린 일
막달라 마리아의 열정이 부러워
전율처럼 부끄러웠던 일
늘어가는 주름살을 용납 못하는 일
슬프도록 아름다운 추억을
속절없이 사라지게 만든 일
시다운 시 한 편 쓰지 못한 일
그 무게 주체 못 해
좁다란 어깨 헐렁하게 기울여
괜찮아! 괜찮아! 쓰다듬는
햇볕 따뜻한 날.

불치병

마른 우물 하나 품고 산다
하늘을 긷던 두레박은
어느 때부터인가 빈 소리를 낸다
항상 목이 마른 심장
밤마다 게걸스레 별을 삼키고
온 하늘을 가두지만
아침이면 푸석거리는 언어들만 수북하다
흠뻑 젖지 못하는 건조증은
어디서 전염된 것일까
구멍 숭숭 뚫린 가슴께를 더듬어 본다
비어있어 더욱 끈끈한 욕망
우리가 서로에게 남긴 갈증은 얼마나 깊은 것인가
아 스스로 용서하고픈
빗금 그어진 웅덩이
철철 넘치기만을 기다리는
어리석은 저물녘은 초조하다.

3인칭

마흔다섯 살까지면 웬만큼 사는 거라고
철없던 때가 있었지
누구는 그때가 인생의 황금기라고 했어
그 나이 훌쩍 넘어 돌아본다
원근법 잘 지켜 그린 길
손가락 한마디로 가려지는 그 끝엔
파룻한 너와 내가 있다
온통 연두 빛 풀밭
태양빛으로 눈부시던 우리는 1인칭

뛰기도 걷기도 했지만
어느새
타인의 대문 밖처럼 내다보이는
턱을 괸 먼 길
빽빽이 들어찬 가로수
꽃길 그 사이로
언뜻언뜻 보이고 들리는
참을 수 없이 화려한 선율

영혼을 기울인 열정
고집스런 감사가
햇살 갸웃한 3인칭의 길을 간다
아직 그림자 선명한.

노을

맨발로 춤을 추었네
땀범벅의 머리칼 흐트러진 드레스는
동행한 바람이 질펀히 부추겼네
박수소리 오래오래 붉은
이름 없는 무용수의 공연은 화려하네

부끄러워서 공연히 부끄러워서
맘껏 펼쳐보지 못한 춤사위
품었던 속엣것 모두 토해내는
진땀 밴 율포해변이 흐드러지게 검붉네
이젠 눈치 볼 여백이 없으니
바람의 갈기를 닮아도 좋다고 하네

시린 발 품고 녹여주던 더운 가슴 있었네
간지러워 키득키득 꼼지락꼼지락
조그맣고 하얀 발이 손보다 고왔네
양지와 음지를 숨차게 돌아 피맺힌 발에게
마지막 산호 빛 공연을 바치네.

사무친다는 것은

맘속에
고개 외로 꼬인 사람 하나
품고 사는 일이다
뼛속 깊이
혈관 속까지 차지하고 들앉은
그를 상상하는 일이다
온종일
미동도 않던 혀가 느닷없이 굴러
미음(ㅁ)으로 멈추는 추상명사
그리움 설움 외로움

사무친다는 것은
군 내 나는 입 우물우물
온몸 뾰족이 가시 돋우어
박하 향 피워 올리는 일이다
덩굴장미 유난히 붉은 날
초록이 무성한
굴참나무 그늘에 서는 날
편두통 앓는 일이다.

땅거미 져도

오래된 액자를 분해해
조심스레 여인을 꺼낸다
허리 잘록 폭넓은 자줏빛 드레스
미소 가득 활짝 드러낸 어깨
그녀는 아직 푸르다
자 맘껏 날아보시오

여인을 보낸 빈 사진틀
쌉쌀한 구름 냄새 가득이다
여인은 급히 어디로 갔을까
넋을 빼앗긴 초록의 산과 들
사방으로 난 신작로를 신나게 달렸을까
눈부신 태양
죄 없는 하늘에 대고
참았던 말을 마구 쏘아댔을까

달빛 먼 창문
늘 허기졌던 사람도 만났을까

타인들 속의 타인이 된 그녀
세상의 무관심이 오히려 홀가분할지도 몰라
땅거미 짙게 내려도
여인은 돌아오지 않을 것 같다.

제2부

도시는 하모니카를 부네

행운

첫새벽 첫눈처럼 오려나
아님 번개 치듯 다녀갔을까
움켜쥔 손가락 사이를 지금쯤
슬그머니 빠져나가고 있을 수도 있어
꼭 한번 그림자라도 보았으면
자꾸 옆 사람에게로만 비끼는 그녀
매번 투명한 날개옷을
나에게 입혔어
해와 달, 별들도 무표정이었지
혹시 우린
이미 그녀와 마주 앉았는지도 몰라
네잎클로버를 천 개쯤 찾았다는
그 시인을 우연히 만났을 때처럼.

이모티콘을 보내다

거두절미去頭截尾
생략할 대로 생략해서 심장만 남은
나를 보세요
에둘러 말하지 않아도 이심전심이기를
잔뜩 붉은 그리움에게 요즘을 전한다
몇 번이고 물구나무서는 그림자, 혹은
깊은 밤 달빛 흔들리는 유리잔으로
가슴 연 듯 닫은 듯 건네는 그림말

살아남은 것도 다행이라는 뜨거운 날에
몸부림치는 미물들에게도
부디 자존심을
엄지 척! 하나 비장하게 보낸다
계절이 다른 계절을 끊임없이 끌듯
바람에 머리 푼 구름은 자꾸
새 어휘를 조립하고
사랑하는 이여 허공 나는 붉은 문장이 들리십니까.

도시는 하모니카를 부네

어떤 나팔수의 선창이 있었는지
도시는 일제히
제각각의 음계로 하모니카를 부네
맨얼굴이거나 목이 긴 가면을 쓰고
더 높이 더 멀리 하루 종일
반음계가 좋아 층계에 걸터앉은 연주자는
중간음의 타협을 걸었을지도 몰라

하느님은 때로 단숨에
세상의 밤과 낮을 분명히 가르치시지
밤이 바쁘게 안으로 들고
핏줄 솟던 목청이 닫히면
미처 창틀에 걸려 꺽꺽대는 소리들
내일의 나팔수는
펄럭이는 바람의 기척을 어떻게 가늠하려나.

아침, 그 환한 이마

"빛이 생겨라" 말씀하셨네
원래 빛과 어둠은 한 몸이었지
내게도 빛과 어둠이 들어있는지
때때로 내 몸은 밤이었다가 낮이었다가
두 손으로 당신의 푸르고 환한 이마를 만져보네
매일 체온이 달라지는 당신은 오늘
작은 꽃의 무릎걸음 위에서도 낯설게 눈부시네

어느새 소리 없이 꽃비 흩날리고
포근한 날개 밑에서 평화이고 싶은 날
당신의 옷소매를 붙드네
당신이 몰고 온 크고 알 수 없는 기운으로
흠뻑 젖는 세상
새소리 묻어버린 경적소리 바람소리 가득한
먼 빛 그 사이로
흔들리며 가는 사람의 뒷모습도 젖네.

라인댄스를 하다

줄이 줄을 서 춤을 춘다
경쾌한 리듬으로 들썩이는 씨줄과 날줄
한 자락 붙들고 행여 이탈할까 긴장한다
은근한 텃세가 여기저기 불을 켜고
휘딱 초보자 나를 읽는 대형 거울
딴생각이 들면 절대 안 돼
심지를 단단히 발동작은 정확하게

줄이 언제나 음악에 맞춰 춤을 추진 않는다
눈치꾼들의 발 빠른 행운을 따를 수도 없다
늘 저 줄이 이 줄 보다 빠르고
경품 당첨도 항상 옆 테이블이다
믿었던 동아줄도 다른 이에게 내리고
세상에 줄 아닌 것이 없지만
줄을 잘 못 서 생기는
그들의 참을 수 없는 체념을 서로
모른 척한다.

안구건조증

눈물을 질금거려도 안구건조증이라나
인공눈물을 열심히 넣으라는 처방이다
눈 깊숙한 곳 목마른 샘이 들앉아
마중물 기다리듯 하는지
눈이 먼저 맘 대신 창을 열고
눈물샘 눈치를 살피는 중인지
그동안 세상이 하도 버석거려
맘 놓고 뜨겁게 울새도 없었네

예전엔 곡비哭婢가 있었다지
슬퍼도 눈물이 안 나올 땐
그들을 대신 울렸나봐
요즘 마름 중 심한 사람들에게도
울 시간이 필요해
핑계 김에 지금 소리 내 울어볼까
춥고 바람 부는 날 옥양목 수건으로
꼭꼭 눈물 찍어내던 어머니 생각하며.

미세먼지

산다는 게 모두 먼지 만드는 일이지요
옷깃만 스쳐도 인연이라지만
그 길에 덧나는 생채기가 얼만데요
맘과 맘이 부딪혀 쏟아지는
정 부스러기들의 피 흘림도 엄청나고요
혼자 만드는 몸 비듬도 있어요
그것은 어쩜
일찌감치 내속에 들어와 사는 몸부림 같은
형체도 없이 스멀거리는 그리움을 닮기도 했지요

오늘은 그 하찮은 먼지가 한라산을 삼켰대요
하늘도 부대껴 맘을 못 여나 봅니다
마스크를 쓰라고 성화지만
못 들은 척 휘적휘적 거리를 나섭니다
엄청난 해로움을 몰라서가 아니고
이제 얼마쯤은 그까짓 거
그냥 지나치고 싶은 마음이 있어서 지요
살아온 날들이 고맙지만 길기도 하고요.

싱크홀

거죽만 번들했던 세상
일찍이 안에선 무슨 징조가 있었을 게다
시들하게 긴 계절 보내며
별자리 한 번 내린 적 없는 블랙홀
우지끈 오장육부 뒤집혀 하늘 향해 누웠다
모두 삭여 삼킨 허방
치부 드러낸 부끄러움도 없다
스스로를 볼 수 없음이 다행일 때도 있지

때로 세상 향해 더운 김 훅 뿜고 싶었을 게다
나중엔 힘껏 들이마시기로 했던가
휘청휘청 걷다가 추락하는
어휘 잃은 발자국들의
허우적거림 모른 척 도시는 안녕하신가
버틸 대로 버틴 참을성 한계인 날
세상 한 귀퉁이 잡아내려 텅 빈 내장 채우려는가
어렴풋 상상도 못 한 레퀴엠을 부르는
너의 무뎌진 심장세포의 박동 수는 얼마인가.

물음표

비만이야 비만
허리둘레만 늘은 게 아니네
갈수록 구부정한 머리도 마찬가지야
터질 듯 두통 심한 그는 아마
질문과 대답을 한꺼번에 끌어안고 있어서일 거야
무거운 머리는 곧 땅에 닿을지도 몰라

스승은 모든 문장 끝에 점을 찍으라 했어
세상일에 결론은 있어야 한다는 거지
궁금함이 궁금함에게
수도 없이 말을 걸고 조급히 기다렸던
지난날의 그 무거운 대답을
그는 이제 알고 있는 거야
어느 시인의 깊숙한 가슴속까지도
하지만 이건 아직일 걸
나는 누구?

흔들린다는 것은

살아있음을 뜨겁게 증명하는 일이네
천천히 깊이 스며드는 일이네

그러고 보면
어쩔 수 없는 안절부절 엉거주춤
덧없는 떨림과 서성거림이 모두
복닥복닥 세상사는 일 아니겠나

여리게
점점 세게
와락 아주 세게
그리고 다시 여리게
산다는 건 그분의 밑그림 안에서
이름 모호한 진자振子가 되는 것인가 보네.

단추

바듯하거나 헐겁거나
한 품을 위한 굳은 여밈
오래전 먼 세상에서부터 짝지어졌을 맹세

하지만 하늘과 땅의 일이 그렇듯
꼭 맞지 않는 만남도 있지
더러 어느 한쪽이
모양 다른 깃발을 드는 때가 있거든
별의 수보다 많은 각양각색 만남의
골똘한 고민
다른 홈엔 절대 창을 내지 않겠다는 다짐과
새로고침을 클릭해야겠다는 생각들 사이의.

바코드

허공에서 바닥으로
고래심줄보다 더 질깃하게 박힌
타고난 문양
눈 오면 눈 맞고 바람 불면 바람 맞아
한결같지 못한 삶의 흔적들
짧고 긴 그림자는
진하게도 흐리게도 결코
누구에게서 누구에게로
옮겨 갈 수 없는 선명한 주홍 글씨

슬그머니 황폐해지는 머릿속 어휘들이
굵기 들쭉날쭉 기둥을 메고 우우
똑바로 일어선다
한번 쏟아지면 걷잡을 수 없는 외골수의 기억들
그 위로 비밀스런 빛이 훑고 지난다
멀고도 알싸한 그리움
발갛게 새살이 돋고 꽃이 피어난 곳에
피할 수 없는 출생신고
눈먼 이름표.

딜러

한 계절의 햇볕과 폭풍우와
한 해 동안의 기다림과
평생토록 바쳐지는 사랑이
높고 낮은 키의 구별이 없도록

만일
태양의 그림자와
한 편의 그리움이 눈썹만큼이라도
마음대로일 수 있다면
우주의 걸음걸이는 더 부산해졌으리라
쥐었다 폈다 일사불란 손놀림에
경직되고 허물어지는 웃음
늘 모자라고 넘쳐
목이 마른 서투른 타짜들 감히
평생 호흡의 가감을 위해 우왕좌왕
길고 긴 드라마를 찾는, 간절한
배팅!!

달에서 춤을

열정을 비운 고층빌딩 새벽
점 하나 찍지 못한 캔버스는 희붐한 푸른빛이네
갈수록 붓끝 무디어지는 화가는
소름 돋는 어깨를 누군가에게 맡기기로 하네
드넓은 하늘을 향해 절실한 창문을 여네
언제부터였을까
저만치 찬란한 별들 옆에
그가 서있음을 몰랐네
선뜻 그의 손을 잡고 숨차게 춤을 추네
그곳에선 잃어버린 모든 것들을 찾을 수가 있네
둥글게 모나게
날 선 발끝이 움직이는 대로
꽃이 피고 파도가 뜨겁게 출렁여
오랜만에 가느다란 붓끝을 적실 수가 있네
안도의 캔버스는 빛이 부시고
현란한 동작의 그림자는 선명하네
구원救援이었네
달의 끝점을 조금씩 도려내어
따뜻한 조각들을 불면의 땅으로 내려 보내네
밤을 빠져나와 달을 살라먹음을
아무도 눈치 채지 못하네.

나의 묘비명

하고 싶은 말들은 접어 상자에 넣고
남은 일들은 하늘에 띄웠네
모두 비워버린 꺼풀
그래도 힐끗 돌아보면
발목을 붙드는 젖은 한마디
사랑한다는 말에 걸려 우왕좌왕하네
양지바른 세상은
새삼 아름다운 곳이었네
그들은 나를 오래도록 기억하고 싶겠지
떨어지지 않는 발걸음을 옮기며
아직도 절절히 계속하고픈 말
사랑해.

제3부
사막의 혀

춘분

어머니를 기다리는 시간은 늘 추웠다
양지보다 그늘이 많아
학교 담장도 덩달아 길고
웅크린 시간들이 용케도 자라 키를 쟀다
해바라기하던 점심시간
외로 꼬인 목이
흑백 사진기 앞에서 활짝 웃는다
앞니 빠진 단발 검정치마
옷소매 껑충한 까까머리
봄을 기다리는 오누이의 어깨동무가 짠하고
허기진 세상은 제멋대로 돌았다

강하고 푸르게 버틴
철없는 전쟁은 그리 길고
어찌어찌 살아남은 자의 미소를
태양은 대견해했다
설움도 그리움이 되는가
기름 바른 머리카락 희끗 젖히며
활기찬 무리 속에 합류한다

튕겨져 나온 정류장에 바람이 차다
추위 절은 등 뒤로 쏟아지는
봄볕은 공평하시다.

사막의 혀

모래폭풍이 지은 붉은 도시에 갔었어
한을 품고 떠난 이들이 산다는 곳
예리하고 고운 사막의 혀를 세워
기묘한 신들의 세상을 만들었더군
문득 태양이 지는 쪽 비탈에 아버지가 보였어

세 살에 부친을 처음 상봉한 독립운동가의 아들
전쟁이 끝났어도 전쟁 치르듯 휘몰아쳤을
아버지의 팍팍한 세월을 짐작만 했지
나 살기 바빠
아버지가 늙는다는 건 더군다나 생각도 못했어

말씀이 더듬더듬 어눌해지고
눈빛만 간절하던 아버지
돌아가실 땐 입을 못 다물고 가셨어
허공을 향한 바짝 마른 혀에
열두 권 이야기책을 얹고
햇살 다른 먼 나라의 낙타를 타셨지
차가운 혀를 넣어드리며 울지도 못했어.

나무를 듣다

아버지는 조바심 많은 벋정다리 나무
기도와 당부가 늘 한 문장 안에 있었다
혼 불로도 지켜야 할 어린것들
혈액 한 방울 까진들 아까우랴
언제나 서성서성 다리 아픈 그 자리
두터운 그늘 지켜 안쓰러운 밥을 먹였다

바람 몹시 부는 날
무딘 귀 열고
온몸으로 그분을 듣는다
앞을 보고 달려라
양지에 머물거라
포기해 버린 날들을 잊지 말아라
눈을 잔뜩 맞는 날에도
천금 같은 몸을 중하게 지켜라
늘 으뜸이었음을 겸손히 기억해라
유난히 뒷모습 자주 보여드린 깊은 후회
팔 둘러 안아본다 아버지를.

머플러

하늘하늘 바람을 팝니다
산꼭대기에 걸린 색색의 먼 하늘을
나누어드립니다
만물트럭의 박가분 참빗 동동구리무
봄은 덜커덩 달려오고
자동차 한 대로 길이 좁던 동네
유행이래

알록달록 수줍은 아낙들
새로운 하늘을 하나씩 머리에 두르고
새털 닮은 햇살을 흠뻑 품었다
아궁이 불티 튈라 부지깽이도 조심스러운
보들보들 소중한 정
봄이 다 가도록 벗지 못하던
흰머리 허전한 할머니의 머릿수건
유품과 함께 태워져 훨훨 연기 오를 때
만물트럭 선반도 멀리서 목을 놓았다
머릿수건이 머플러가 되면서
일기예보는 자주 빗나갔다

하늘의 안팎은 어쩜 그리 다른지
자꾸 젖혀지는 목덜미
강물은 길게 뒤로만 흐르고 싶어 한다.

사월

동백을 보아야 한다는 고집에
서둘러 오동도에 간 날
밤새 그 섬의 동백을 다 피우고 만 그의 기침소리
바람은 또 그렇게 자지러지게 불어
온 밤을 붉게 물들였지
저릿한 가슴 묻은 적 있어
그는 늘 그곳을 그리워했을까
침묵하라 일렀나
속내 감춰 피는 여린 동백
속절없이 아련한 시간 흘려보내고
완성되지 않은 먼 이야기를 들려주려 하네
불붙는 동백과 기침소리로 남는
봄이 되지 못하는 겨울 햇살의 노래를.

떠나보내기

늑골 속에 품었던 파랑새 하나
날려 보내는 날
깃털 몇 개 주워 들고
하루 종일 맨발로 허둥댄다
모두가 바람이었을까
연습을 해야 한다고 마음먹었지만
한 번도 보내지 않았던 그를
말안장 위에 올려놓는다
자신을 향해 신앙이었던 그 마음을 알까

힘껏 달리거라
행여 그가 볼까
새까만 심장 꺼내놓을 수도 없다
다만 그의 신작로가 빛나고 탄탄하기를
신명 난 청사초롱 위에
헐렁한 어미의 마음을 걸어놓는다
어둠 속에 누운 길들이
천 갈래로 방향을 잃고.

삼월

그 노래
차라리 아픔이라 눈을 감네
천지는 요동치며 속내를 빨리 털어놓으라지만
깊숙이 품었던 일 어찌 몇 줄로 내놓겠나
그리운 건 늘 어질어질 멀어서
시 한 편 짜릿해도 어림없잖은가
세상 겹겹 봄이라지만 아직 봄이 아닐 때

그 일
잊으려고 허둥허둥 손을 쉬지 않았네
그리움도 건망증을 앓는가
꽃이 한 풀듯 붉어 한동안 잊었던 걸까
-바람은 불어 불어 청산을 가고-
문득 귀울림 나직한 그의 목소리
성큼 노랫말 따라가고
봄만 남겨놓은.

까치 소리

두물머리에 나가 보았네
할 말 많이도 남겨놓고
이만 총총 가버린 사람
눈부신 물비늘 속에 숨었는지 감감
강은 늘 한 문장이네

편백나무 훤칠한 산속이거나
솔잎 다보록한 숲길에 들면
소스라치게 들리던 하늘 높은 소리
용케 미리 당도한 그의 안부라 믿었네
한 가지 언어만 알던

언제부터였나 그를 들을 수 없는 것이
물비늘도 햇살 비끼면 더 곱고
멀어진 그리움은 더 화사한가
문득 생각이 삐죽한 날
그 소리 찾아 나서보네.

젖은 나무

수증기가 끓는 물보다 훨씬 뜨겁다던
중3 과학 선생님
젖은 나무가 화력이 더 세냐는 내 질문에
무릎을 치셨지

매캐한 햇살 공손히 끌어안고
마르며 타며
불꽃 맹렬히 세울 때
후르르 비쩍 마른나무와는 사뭇 다르다 했어

흠뻑 젖지도 못했으면서
맘껏 타오르고 싶던 날들이
그동안 얼마였는지
아이는 그때 그걸 알아들었을까.

평균

그땐 다 옳았던 생각들이
지금 보면 아닌 게 많다

하늘도 하이힐 굽도 높푸르기만 했을 때
아버지 기준에 나는 항상 왼쪽이었다

우리 집 주방저울 눈금은 요즘
조금 오른쪽에 가있다
가운데로 맞춰놓으면 슬그머니
다시 제자리로 돌아간다

늘 세상 오른쪽에 머물기를 바라셨던
그때 아버지 말씀처럼.

날씨장수

할머니도 그의 날씨를 사신 게 분명해
따뜻한 계절 양지바른 날로
값은 두둑이 치르셨을 테고
그날 상품이 좋다고 모두들 한 마디씩 했거든
확률은 확실하다고 장담하며
선금 결제를 원칙으로 하지
궂은 건 본인이 다 챙겨서인지
그가 파는 물건은 모두 최상이야
기도하듯 그를 부르고 싶을 때가 있었어
장마 통에 아이를 야영 보내 놓고
밤새 얼마나 무릎 꿇고 애태웠는지
가끔 사람 마음도 살 수 있으면 좋겠어
재채기하듯 느닷없이 미소를 들키면서도
바람 탓인 척 훌쩍 돌아서는
속내를 도무지 알 수 없는 마음은 말고.

강변

울컥 물소리 가두고
왼 종일 풍경으로 앉은 사람
물 그림 자화상이 두근거린다
반갑고 고운 바람은
정갈한 매무새로 맞아야 하느니
바람 안은 그림자가 발그레 곱다
다시 찾아온 넓고 깊은 품
하늘이 그려놓은 대로
시작과 끝이 한 고리에 매달린
생명의 물돌이
끊임없이 굽이치고 흐르거라
노을이 다할 때까지
강변을 떠나본 사람은 안다
강에서 잃은 것은 강에서 채워야한다는 것을.

봄날

사람이 세상을 떠나도
천지를 들썩이며 꽃은 피네
뜨거운 손 잡아주지 못했음을
어눌한 언어로 후회하네
계절의 변화는 얼마나 축복인가
나무들 움트는 소리에 묻혀 휘휘
세상은 그냥 지나가고
산발한 바람
바짝 마른 가슴팍 헤집어
끝나지 않을 겨울을 고집하네
작은 풀꽃 목숨 껴안고 뒹구는
신열 오른 태양을 어쩌나

흐드러진 목련 아래 친구들
환하게 사진을 찍네
몸 속 깊숙이 꽃기운 들인
목련가지 하나
빈자리 그의 이름으로 서서
까르르 먼저 웃네
고마운 봄볕을 두 손으로 받네.

이장移葬

새봄 푸른 하늘 아래 드러나는
몇십 년 땅속 비밀
살이 모두 벗겨진 존엄의 침묵
금니 몇 개로 반짝이는 머리뼈
명석한 두뇌와 달변의 부모님을 지키던
모습은 찾을 수 없다
뜨거운 한 줌 재로
햇살 죄송한 나무 밑에 모신다

삶과 죽음이 한 폐곡선 안에 있다지만
그토록 사랑하시던 삼천리 금수강산
산사람을 위해
죽은 이들의 땅은 오래 용납되지 않는다
문득 진중하게
재의 수요일*에 재 얹은 내 이마를 만져본다
-사람아! 흙에서 왔으니 흙으로
다시 돌아갈 것을 생각하여라.

* 재의 수요일 : 사순절 첫날, 가톨릭에서 미사 중에 참회의 상징으로 재의 축성과 재를 머리에 얹는 예식. 잘못을 뉘우치고 영원한 삶을 구하라는 장엄한 외침. 재는 죽음을 상징한다.

바람의 얼굴로

누구나
빛깔 다른 바람 한 점씩 지니고 살지
세상이 온통 바람이어서
바람인 줄 모르는 것들의 속살을 보네
우주가 길들여진 노래를 부르고
별들은 평화의 춤을 추네

그분의 속을 어찌 알겠나
매달린 낭떠러지와 눈 녹는 평원
치솟는 바다와 손을 놓친 눈물과 비와
알고 보면 모두를
바람의 몸짓이게 하신 것을.

그리운 연두

초록은 깊어지며 숨 안쪽에 연두를 품지
세상이 온통 연둣빛 바람이던 날
창틀에 앉아 두 발 까닥까닥 책을 읽던
그 아이를 잊지 못하는 것도
초록의 시간이 길어져서야
그건 축복이라고도 아니라고도 해

가끔 작은 발의 그 아이를 만나러 가
인왕산 아래 병원 왼쪽 골목 두 번째 집
기억을 더듬지만 매번 허탕이야
연두가 초록이 되는 일처럼
아이도 바람과 눈비를 저릿하게 맞으며
진한 녹색이 되었겠지
혹시 긴 여름 어디쯤을 지키고 있으려나
그 아이가 몹시 그리워.

제4부

가벼워짐에 대하여

문패

반짝반짝 광채 나던 그대였네
오래된 골목 잊혀진 얼굴들
가끔 곰삭은 시간들 밤이면 모여 수군거리는가
영원히 빛날 줄 알았던 그대를 남기고
이름 잃어버린 주인은 혼자 가버렸네
다행히 아버지는 녹슨 골목을 떠나시며
돌에 새긴 이름을 하늘로 옮겼네

군데군데 칠 벗겨진 대문 안
열린 틈새로 허랑한 바람 먼저 다녀가고
하늘 그림자 휘적휘적 문지방에 걸려 박제된 시간
노랗게 말라죽은 화초 위로
배회하던 풍경이 손님처럼 엎드리네
한때 내 것 네 것 없던 9-2번지
뒤축 닳은 허연 미닫이가
멈칫멈칫 시간의 더께로 덜컹이고
늑골 드러낸 들쭉날쭉 돌층계
민들레 한 송이 어느 틈에 문패를 다네.

느낌표

번지점프를 한다
훨씬 깊어진 협곡 사이 긴 풍경을 바삐 스캔한다
온몸 곧게 거꾸로 세워 한바탕 먹은 맘까지 토한다
맑아져서, 고요한 이명
바오바브나무의 뿌리가 보일 때까지 낙하

숨이 차다
날개펴기 꼭 좋은 지점에서
한 번쯤 능숙함을 보여줘도 좋겠지만
마음뿐인 곡예는 서툰 무늬를 그릴뿐
미동 않던 나무들이 잠시 잔기침을 한다
바닷속 소리 없는 일렁임 희미하다

추락이 아닌 직진
뒤집어보는 우주의 바닥은 특별해서
물구나무 서봐야 문득 바로 보이는 세상
늘 오리무중 그 개펄에 깃발 하나 꽂고 돌아가는 길
무심한 바코드를 인증으로 받는다.

밥을 위한

거대한 여백
사하라에 한 점으로 찍힌 쇠똥구리
진종일 똥을 굴린다

배운 재주래야 쇠똥 굴리는 일
점점 제 몸뚱이 몇 배 커진 짐을 지고
물구나무 선 채 사생결단

더 크게 더 크게 밥덩이는 클수록 좋지
뜨겁고 가파른 모래 산을 밥이 오른다
비지땀 삐질삐질 숯 검댕이 꽁무니가 붓는다

끊어질 듯 허기진 창자 끝에 가물가물
매달리는 두레상
버티는 뒷다리 사이로 신기루가 뜬다.

폭우

갇힌 것 풀려 힘차게
뱃속 들어 내놓고 매년 드리는 고백성사

올해도 작년처럼 더 많이 사랑하지 못했습니다
옹이 졌던 일 풀어져있던 일

무릎 꿇고 천둥소리 빌미로 목을 놓는다
쏜살같이 떠내려가는 금쪽같은 이름들

수 천 번 구르고 부서져
쏟아져 내리는 것들 수북이 벽을 쌓는다
흔적 그리운 날들 오면 모두 지웠다고 할까

허虛한 빗줄기 속에 찢긴 상처 꿰매며
섬이 되어가는 사람들
천천히 거세되는.

~까지

늘 쫓기며 살지 옴짝달싹 못하고
결국 우린 제로점에 갇히는 거야
끝임과 동시에 시작인 그곳에서 곧 멈춤

우리가 마냥 쏟아부을 이야기가 얼만데
이쯤에서 멈추라면
그것은 조정되어야 할 부분인 것 같지 않은가
물 흐르듯 흐느적흐느적
그대가 한없이 기다리는 일도
입이 타는 어려움이겠지만
쇠막대 세우는 일처럼 당장 못을 쳐야 하겠는가

피조물들의 자율과 타율의 비율은 적절한가
바람이 불거나 꽃이 피거나 말없는 저들의 속내는 모르지만
매몰차게 금 긋는 일이 서투른 사람들의
긴장한 언어는 우왕좌왕 길을 잃기도 한다네
~까지에 걸려 넘어진 머리 무거운 까지들
그래도 계속 숨처럼 부푼 음성으로 말해주게
언제까지라고.

오늘

샘물처럼 보내주심에
물 쓰듯 써버렸습니다
치열하게 세상과 부대끼다
홀연히 사라지는
당신의 품은 넓기도 좁기도 해서
언뜻 바람의 모습을 보는 듯합니다

어떤 이는 콧노래 흥얼흥얼 다리를 건너고
어떤 이는 긴 목의 찬바람 들녘을 견딥니다
본래 주인은 누구인가요
막 세상을 떠나려는 사람의
붙들 수 없는 목숨처럼
당신의 뒷모습은 급하기만 합니다.

관계

뜨개질을 한다
겉뜨기 안뜨기 꽈배기 뜨기 한 코 건너 뜨기
그물 뜨기로 나풀나풀 장식도 하고
늘이고 줄이고
계획은 처음부터 없기도 있기도 했다
마음에 안 들면 확 풀어 다시 뜬다
모양은 고쳐지지만
한번 꼬인 실은 자국이 남는다

성글게 떠야 따뜻하다지만
끝내 촘촘한 바늘 잡기로 돌아오는
서투른 뜨개질
곱게 우직하게 때론 여우볕처럼
꼭 맞는 뜨개질은 어렵다
안과 겉이 고루 매끈할 때도
아닐 때도 있다
몇 코 빠진 줄 모르고 열심히 뜨다 보면
여기저기 예쁜 무늬가 생겨
예상 밖이 될 때도 있다.

차 한 잔

바람 우려낸 찻잔에
빛깔 다른 앙금으로 가라앉는 하늘
다독여 익히는 들숨은
어느새 어머니를 닮았네
기억하는가
온몸에 향기를 바르고
버선발로 달려온 함박웃음과
훌쩍 돌아서던 키 큰 옷자락들을
건너가고 건너오던 가슴을
천천히 빨리 삼켜버린 시간들
차 한 잔 하실래요?
접어둔 몇몇의 이름을 휘저어
오색풍선으로 띄워 보내는
쌉쌀한 중독.

모래시계

잘록한 크로노스*의 허리를 흘러내린 시간들
곡선 풍만한 둔부를 그리네
힘껏 움켜쥐고 있을 수 없는 것들의 사라짐
바늘 소리도 없이 솔솔
빠져나간 것들을 허망해하네
다 비우고 내려놓으니 홀가분하겠지만
그래도 당신과 나의 애틋한 이야기는
끊임없이 이어져야 하지 않겠나

서두르게
돌려세워놓지 않으면
곧 그대로 정지해버릴 시간들
그럼 세상이 금방 멈출 것 같지 않은가
한증막의 숨 가쁜 버팀처럼
눈치와 참을성의 한계
누군가의 재빠른 손길이 간절하네
엉뚱한 세상이 시작되더라도
멈춰선 안 되네
자 어서 시간을 일으키게.

*크로노스: 그리스 신화에 나오는 시간의 신

지붕

물만 안 새면 염두에도 없는
허공은 끼리끼리 허허롭지
복닥거림과 기도를 다스려
달관된 시간으로 일축해버리는 무관심
빛깔 제각각인 처마 밑 바람소리처럼
내 집 네 집 서로 치부 드러내는 깊이가 달라
바람개비를 달기도 하고
온종일 소리 없는 종을 치기도 하지
그래도 우리의 달빛은 늘 공평하지 않은가

하늘이 지붕인 사람들도 있지
한 꺼풀 벗겨진 적나라한
어쩔 수 없는 자유가 자유로운 사람들
그들의 기도는 지붕을 뚫지 않아도
곧바로 하늘에 오르지
몸의 중심은 가장 아픈 곳이라 들었네
그들의 중심이 하늘 향해 눕네.

달팽이

늘 기도하며 걸었지 순례자처럼
그동안의 짐이 무척 무거웠다는 것도
내려놓을 때가 되어서야 알았어
욕심껏 짊어진 짐 속엔 맘이 더 많더군
처음엔 앞사람 발자국을 더듬고
여러 갈래 길을 만났을 땐
막막한 하늘을 보았지
누구는 뚜렷한 방향을 잡았다고 했고
누군 기꺼이 동행이 되어준다고도 했지만
결국엔 늘 혼자였어
아직 끝이 보이지 않을 때
누군가 키만큼 긴 지팡이를 건네주며
어깨 높이를 쥐라고 일러주더군
멀리 보고 성큼성큼 걸으라는 뜻이었겠지
걸음 익숙해지니
곧 성자의 모습이 된듯했어
순례는 성공적이었나 봐.

사다리

별도 달도 딴다는
세상없는 회전 묘기가 끝나고
나사 헐거워진 철탑 끄트머리에
걸터앉은 하늘이 내게로 오네
붉은 해는 마지막 불을 뿜고
구름 잡듯 그의 생각을 재네

있는 듯 없는 듯 꿈도 있었네
마음대로 시간을 펼치고 오므리는
마법의 계단에 서보고 싶었네
그곳에서 내일을 붙잡으려 했었네
모두 정상에 이르면 내려오는 줄만 알았지
저들이 날개를 가지고 있다는 건 몰랐네
호반새가 깃털 말리는 동안만큼 지났을까
저들은 벌써 다른 세계의 언어를 배웠네
여전히 접었다 폈다 가슴 없는 다리 앞에
가슴 앓는 사람들이 줄을 서네.

별리別離

오늘 아침 한 무리 새들 비상이 있었습니다
한 점 흐트러짐 없는 하늘의 질서
오직 한 곳 향한 공손한 날개로
허공을 다스리는 절묘한 선회
차가운 그들의 뒷모습은 꼭 당신을 닮았습니다
서로서로 날개 비끼는
고도의 배려가 참 놀라웠습니다
그 간격은 신비롭고
또 그 행간의 여백은 얼마나 눈부신지요
몸에 밴 체념 아닌 관용으로
뜨겁게 끓어오르는 시 한 편 골라
하늘에 띄우렵니다
그래야 푸르게 비상하는 당신을 향해 목마르지 않을 것입니다
꼭 알맞은 거리를 빚는 절제와 인내의 창공을
새들은 그만큼의 가슴으로 날고
우리도 적절한 별리別離입니다.

가벼워짐에 대하여

잊어버린다는 건
얼마나 다행한 일인가
가득했던 몸 어디쯤 뭉텅 앙상해지면
곧 무언가 슬며시 채워지기도 해서
가벼워짐을 두려워할 필요는 없네
대성통곡하며 부모를 산에 묻고 내려와
꾹꾹 밥을 먹고
삼우제 날엔 립스틱도 엷게 바르고
오랜만에 만나는 사람의 이름을
잘 알던 꽃과 나무를
시인의 쌉쌀한 어휘를
하늘이 노랗던 통증의 기억을 변명처럼
깜깜한 갈피 속에 묻어버리네
늘어나는 목록에 그의 이름도 들어갈까 겁이 나네
꽃이 지는 타인의 창을 지나며
세상은 가물가물 그림자 없는 그림을 그리고.

숲속 편지

바람이 이렇게 단맛인 줄 몰랐습니다
굴참나무 신갈나무 쪽동백 층꽃
처음 듣는 이름의 꽃과 나무들
점잖은 산이 차례로 반겨줍니다
숲 속에 길을 내고
사랑하는 이들의 이름을 붙여봅니다
계곡에선 어릴 적 친구들 멱 감는 소리가 높고
눈부신 햇살 저쪽 어머니가 보입니다
날마다 다녀가시는 은혜로운 손길에
차츰 나무처럼 살이 오르고
날개가 곧 돋으려나 봐요

그리움에도 더하고 덜함이 있느냐고 묻던
그 사람 문득 숲으로 갔습니다
숲길에 목숨을 걸어놓은 그에게
그리움 더한 답장을 보내야겠습니다
간절한 침묵으로.

말없음표

엮으면 열 권도 더 넘을 이야기를
가슴에 묻었네
빛을 보지 못한 언어들의 외침
질깃한 핏줄은 부풀고
붉은 심장은 뛰는데
무거운 침묵은 발등에 닿네
어찌 미어지는 가슴을 다 열어 놓겠나
영원히 못할 말 한마디가
목젖에 걸려 자꾸 억울해하네
속 깊은 하늘에 대고 눈짓을 했지
세월이 지날수록 더 많아질
당신의 몫이라고
유난히 새하얀 구름들 바삐 몰려와
빼곡한 점들 대신 찍어주네.

한증막

하고 싶은 말을 땀으로 뿜는다
슬그머니 세상 것들 들어와
울룩불룩 냄새나는 몸속 여기저기
뱃속이 서로 달라
땀 빛깔도 가지가지인가
가슴 서늘해서 지져야 한다는 이들
더 뜨겁게 버틸 수 있을 때까지
활활 타오르는 화덕 앞에서
거적을 두르고 진기를 뺀다
미리 짐작해보는
죄질 무거운 사람들의 나라
삭신이 노글노글할 때까지
모래시계는 몇 번씩 거꾸로 선다
뜨거울수록 진한
가마솥 동굴 안의 공동 고백성사
모두 비우라
새살이 돋아라
뜨거운 맛을 보았으니
바람처럼 가벼워져라.

춤을 추는 것은

모두 날개를 달았다 보이게도 아니게도
광장의 그 사람도 숨겨진 날개가 있다
계절이 지날 때마다
쿨럭이는 겨울을 털어버리고 싶어 한다
생생하게 기억되는 어제의 박수소리
점점 짧아지는 팔다리로
출구 모르는 터널을 지킨다

밤마다 덮고 자는 신문지가 쏟아내는 흑성의 언어
참을성 많은 깃털들 숨을 고른다
우린 서로의 절벽에 대해 얼마큼 아는가
늘 누군가에게 무엇이고 싶던 뜨거운 손
그의 어깻죽지를 서툴게 위로한다
-호흡이 있는 한 춤을 추시오
깊고 크게 너울너울
또 한 계절이 기지개를 켜오.

제5부

변명을 위한

변명을 위한

느긋하게 쏟아지는 햇살에도
꽃의 흐드러진 몸부림에도 허기지는
조붓한 어깨
부글거리는 시간의 더께가
수천의 풍선을 매단다
양지와 음지 절벽과 평원의 순례자
액자 속의 나를 조금씩 떼어 홀씨로 날려 보낸다
얼마 동안 누리는 편안한 숨쉬기

하지만 얼마 후
접혀진 날개는 은빛 건망증을 앓는다
스스로 다독이는 면역
띄워 올린 시간만큼 가슴은 채웠는가
용케도 참은 엄숙한 계절을 보내고
절실한 변명 하나 다시
가방 속에 챙겨 넣는다
낯선 활주로를 그리워한다.

치즈가 녹기시작 하는 온도

치즈가 열에 잠깐 녹은 느낌으로 그림을 그리는
벨라스케스 그를 좋아해
사르르 흐르는 바로크 장식으로
뜨거워진 관객을 유인하지
화려한 레이스와 주름과
금빛 드레스의 주인공은 벌써 두근거리고
그는 자유로운 바탕색을 급하지 않게 천천히
몇 번이나 칠하고 마르면 다시 하기를 수십 번
캔버스는 서서히 달아오르지

나중엔 그곳에 신이 존재할지도 모른다는 상상에
더욱 뜨겁고 거칠게 색을 입히려 하지 않았을까
순간 그가 신을 보았을지도 몰라
그래서 더 이상 활활 타버리지 못했을 거야
아날로그와 디지털의 엉거주춤
자극이 필요한 관객을 위하여
조금 더 온도를 높여야 하지 않을까 그래야
시의 첫 행이 번개 치듯 떠오르고
숲에선 새 생명이 태어나고.

---

* 벨라스케스(1599~1660): 17세기 스페인 미술사에서 가장 중요한 화가로서 전 세계적인 거장으로 인정받음. 자연주의 양식의 인물과 정물작품들에서 뛰어난 관찰력이 돋보임.

흘러가는 것은

흐르는 강물처럼
뭉크*의 눈도 입도 마구 흘러내렸다
비명을 지르는 누이의 병원 담장을 지나며
붉은 하늘과 출렁이는 땅덩이가 두려워
늘 자신의 그림 속에 숨었던
그의 절규가 궁금해 줄을 서는 사람들
덩달아 소리 지르고 싶은 행렬 뒤로
강은 다시 깊이 모를 제 길을 낸다

이제 저는 흘러갑니다
어느 시인은 그 후로 돌아오지 않았다
다른 흘러간 사람들도
꽃이 몇 번 피었지만 소식이 없다
앞으로 옆으로 주춤거리다 절벽을 내려섰을까
흘러간다는 건 토해내며
부딪혀 깎여 구름처럼 가벼워진다는 말일까.

*뭉크 : Edvard Munch (1863-1944) 노르웨이의 화가. 현대인 내면의 원시성을 찾음. 파스텔화를 많이 그렸음. 대표작 〈절규〉.

주저하는 왈츠*

모두 가면을 썼군요
이제부터 우리는 자유
널따란 무대를 마음껏 날아보는 겁니다
하나 둘 셋

세상의 부릅뜬 눈을 가리고 다른 세상으로
투명 인간이면 참 좋겠다는 생각도 가끔 하지요
하지만 나는 생각하는 것까지 불투명이어서
곧 누군가에게 모두 들키곤 하지요
하나 둘 셋

이제 가면을 벗을 시간이래요.
모두 주춤거리는군요
아! 당신이었네요
나와 똑같은 생각을 한 사람이
그럼 나를 보였으니
이젠 안녕.

* 벨기에 화가 르네 프랑수아 길랭 마그리트(1898-1967)의 1950년 작품.
  초현실주의적인 작품을 많이 남김.

쿄스포센 폭포

참았던 울음을
한꺼번에 터뜨리는가 당신은
억만년 얼음 속 굽이굽이 짓눌린 이야기
이렇게 퍼부을 것인가
말을 잃어버릴 장관壯觀이네
그리운 얼굴들 떠올라 함께
큰 소리로 울어도 좋을 듯싶네
아무도 듣지 못하네 나를
늘 남의 눈이 앞을 가로막는 세월이었지
언제 이렇게 큰 소리로 울어본 적 있었던가
붉은 요정의 노래와 폭포 소리 핑계 삼아
작은 몸 목청껏
낯선 하늘에 그리운 이름 띄워 보려네.

* 쿄스포센(kjospossen) 폭포 : 노르웨이 플롬(Flam)에 있는 해발 669미터 빙하 폭포. 요정이 나타나 양치기 청년들을 노래로 유혹해서 폭포에 함께 빠졌다는 전설의 폭포.

인공지능

영화 속 그녀는 수천 번 재주넘고 허물을 벗어
가르쳐준 것보다 훨씬 영악하게
사람 마음을 간섭하지
동시에 수천의 사람들과 접속을 하고
골 백의 연인들과 한꺼번에 사랑도 나누지
하지만 어느 날 번개보다 빠르게
뜨겁던 몸 바꿔 등을 돌렸어 멀리
제발! 그녀를 기다리며 통곡하는
붉게 탄 우주에 내던져진 우리의 사내

알파고 다녀간 후
더욱 정신없이 변해가는 세상
사람이 불어넣은 그녀의 재주에 대롱대롱 매달려
예측할 수 없는 빛깔의 옷을
수없이 갈아입어야 하는 사람들
내일의 태양이 오늘과 다를지 모르고
그녀가 우리의 생각을
하느님처럼 알 수 있을지도 몰라.

* 영화 Her : 스파이크 존즈 감독, 호아킨 피닉스, 스칼렛 요한슨, 루니 마라 등이 출연한 A. I. 운영체제와 인간의 사랑을 그린 미국 영화.

떨켜*

우리 돌아설 채비는 처음부터였지만
어느 틈에 허물어진 속을 서로 들켰네
교차로에 도착하면 곧 손을 놓아야 해
눈물이 날지도 몰라
그래도 매무새는 모른 척 고와야지
바람은 벌써부터 허둥허둥

까미유 끌로델을 안은 전시장의 로댕
점점 길어지는 그의 팔이 불끈 힘차다
영원한 부름켜*
우린 교차로에 도착해도 손을 놓지 못하네
덜 아문 생채기와
휘감은 치마꼬리가 단호하지 못해서 일까.

---

* 떨켜: 낙엽이 질 무렵 잎자루와 가지가 붙은 곳에 생기는 특수한 세포층.
* 부름켜: 식물의 줄기나 뿌리의 물관부와 체관부 사이의 분열 조직으로 세포분열이 왕성히 일어나는 세포층.

백조의 다리를 보았나요

신이 오래전 손을 놓쳐 그만
수평선 아래로 떨어뜨린 작고 어여쁜 꽃의 나라
태양빛 유난히 고운 네덜란드엔
하늘 눈치 살피는 생존의 몸부림이 있네

노심초사 가라앉을까 동아줄에 땅덩이 매달고
온몸으로 바람 붙드는 풍차
떠받침과 들어 올림의 거대한 내력
그만 물속의 그걸 보고야 말았네
꽃밭에 묻혀 그 모습 눈치채는 여행객 별로 없네
낙원이 여긴가
신은 공평하신가
백조는 끊임없이 물갈퀴를 휘젓네
평온한 미소 뒤에 감춰진 치열함
꽃을 품은 거대한 새.

쇼팽과 춤을

간헐천 용솟음이 그랬을까
응축된 열정을 한꺼번에 뿜어내는
눈부신 절제 숨 막히는 마성의 선율을
쇼팽 당신은 많이도 썼지
그 애잔한 민속춤곡 마주르카에 맞춰
나는 당신과 춤을 추네

슬라이드 컷 홉!

푸른 하늘이 모두 내 것이던 꿈같은 시절
뭉클 그때가 그립네

슬라이드 컷 홉!

비단처럼 고와라
절망과 고뇌의 창백한 손끝에서
시로 피어나는 찬란한 세계
영혼의 소리를 함축하는 피아노의 시인
당신의 마주르카 친필 악보를 놀랍게도 만난 날

아무래도 나는
당신의 영원한 조국 폴란드도 사랑하게 될 것 같네

슬라이드 컷 홉!

갠지스 강

모두를 내려놓는 강
희부옇게 피어나는 화장터의 연기와
새벽 요가의 구령 소리
화려하거나 남루하거나 몸을 담그고
그 물을 마시며 죄를 씻는 벌거벗은 육체들
죽은 소와 어린아이의 시체와
꽃장식이 아직도 싱싱한 들것
그 사이를 비집고 그들을 구경한다
누가 누구에게 구경거리인지
신비스런 해가 떠오르고 갠지스의 얼굴이 드러나면
걸레도 못할 팬티를 돌아서서 입는 사람
신분이 화장터 장작더미만큼 높은 사람
구걸하는 자, 태워지는 자, 기도하는 자
커다란 시바신의 초상 위로
햇살은 거침없이 평등하다
짊어지고 온 엄청난 무게의 허물을 용서받는
일념의 기도는 뜨겁게 흐르고
작은 배 위의 어깨 좁은 이방인도
삼억의 신들이 떠도는 싯누런 강물 위로
엄숙한 꽃불을 띄운다
그들의 염원은 왜 내세에만 닿아있는가

수 천 년 갠지스의 진액을 내려받는
힌두의 운명적 유전자는 원래부터
오직 오늘을 받아들임業 아니었을까.

쾰른의 종소리

밤기차 정거장 앞을 가로막는 산괴山塊
한 컷에 담을 수없는 위용에 주저앉네

느닷없이 새벽 옷자락 펼치는 목쉰 전설들
칠백 년 묵은 혼령들이 치는가
온몸 씻어 내리는 최면
뼈 마디마디까지 스미는 전율에
골목골목 숨을 곳이 없네
온통 청아한 빛의 소리에 묻혀
지금 죽어도 좋을 그 신비

사랑하는 이여
나는 꼭 이 성당에서 미사참례를 해야만 하네.

* 쾰른성당: 독일 쾰른(Köln)의 고딕 양식 교회 건축물로써 세계 세 번째 규모.
  1248년부터 약 600년에 걸쳐 건축됨. 동방박사의 유해 등이 보존되어 있음.
  1996년에 유네스코 지정 세계 문화유산으로 등록됨.

체인브리지*

잠들지 못하는
부다와 페스트의 낯선 영혼들
구슬을 꿰어 휘황한 등불을 들면
지난날의 영화榮華가
강변을 따라 천천히 솟아오른다
풍덩 밤 속으로 뛰어든
다뉴브의 물살은 차고
힘껏 치맛자락 부풀리는 쌉싸름한 바람
속없는 심장에 닿아 두근거린다
어쩔 수 없는 역마살
다시 건널 수 없는 길이라 해도 후회는 없다
사랑스런 사람들
슈트라우스 왈츠에 눈빛을 엮는 사이
오래전부터 내 몸 한구석에 웅크려있던
아름답고 푸른 도나우가
다리 위의 슬픈 전설과 맞닿는다
새벽이 되어도 돌아가지 않을
다뉴브는 사방에서 일렁이는데.

---

* 체인브리지: 헝가리 다뉴브 강에 놓인 첫 영구적 다리. 세체니 다리
라고도 함.

남쵸 호수

먼저 세상 뜬 사람들이
그리운 이의 이름을 부르며 다녀갔을
하늘 바로 아래 감춰둔 가득한 물
내 기억 어느 편에도 없는
슬프도록 수려한 태초의 하늘빛
구름도 멀리 비껴 그림자만 드리우고
만년설봉은 둘러서서 이방인을 심문한다
지금 어디에 서있는가
하늘 끝은 어디인가
하늘이 호수이고 호수가 하늘인데
투명하게 마음속까지 열어보라는 명령에
오장육부를 꺼내 씻는다
맑은 속 허전해서 되살아나는 현기증
높고 도도해 쉽사리 접근을 허용하지 않는
외경한 물빛과 바람
조화로운 햇빛 아래 작은 발자국들이 겸손하다
걸음은 아주 느리게
호흡은 깊고 길게
허파가 녹아내려도 좋으리

스무날 걸려 한 바퀴 돌아
하늘 가까이 오를 수 있다면.

남쵸호수 : 해발 4718m, 길이 70km, 넓이 30km, 티벳에 위치한 하늘 아래 첫 호수. 중국 대륙에서 두 번째로 큰 호수. 티벳인들은 성지순례의 개념으로 이곳을 돌기도 한다. 한 바퀴 도는데 20일이 걸린다.

한국사람 맞지요?

암스테르담 기차역
복잡한 사람들 속에서도 반짝 눈에 뜨이는
저기 반가운 얼굴

네에! 맞아요

좀처럼 만나기 어려운 한국사람
화들짝 큰소리로 함박같이 웃으며
잠시 주고받은 눈빛
고개 돌려 안 보일 때까지
잘 가세요

갑자기 피붙이 보내듯
가슴 한쪽이 저릿하다
그래도 우리는 돌아갈 나라가 있고
몸속엔 아리랑이 붉게 흐르잖아.

알카자 쇼

어머니 나는 여자가 되고 싶어요
나는 여자에요
이젠 사랑을 할거에요

미끈한 다리 잘록한 허리와 찌를 듯 탄탄한 가슴
한 몸에 남녀를 지닌 미인들이 춤을 추며 호소한다
휘황한 조명 아래 학을 닮았다가 장미가 되었다가

제 가시에 찔린 꽃들이 뚝뚝
온몸에 피를 흘리며
더 화려하게 더 완벽하게
여자로 태어나는 이카로스의 무대

이승과 저승의 금을 긋듯
야멸친 막이 내리면 서둘러
어머니의 눈물이 따라오지 못하는 구석으로
퉁퉁 부은 하이힐 벗어던지며 비로소 편안한 몸
화려한 형벌은 무거운 하늘이 내리시는가.

* 알카자 쇼: 세계 최고의 태국 게이쇼.
* 이카로스(Icarus): 그리스신화에 나오는, 날개를 밀랍으로 몸에 붙이고 높이 날다가 태양열에 녹아 바다에 떨어졌다는 인물.

화산재 속의 이브들
- 폼페이에서

그래도 꽃은 피어나고
나무는 무성하게 자란다
모두가 꿈틀꿈틀 다시 살아나고 있다
빵을 굽던 화덕에는 김이 오르고
아담을 부르던 돌 침상은
새로운 아담을 찾는다
아이 밴 어미는 엎드려 이천 년을 울었다
지중해의 바람을 안고 도는
연인들의 진한 입맞춤도
화석이 된 모성 앞에서 한참씩 머문다
홍등을 매단 이브의 문설주 앞에
깊이 파인 마차 길은 아마도
신의 노하심을 미리 알았을 게다
부와 쾌락의 광란
돌바닥 길 틈새마다 스며든 뉘우침은
잠시 쉬어가는 베스비오 화산 밑에서
용서를 기다린다.

방지원 시집 해설 모음

| 방지원 시집 해설 모음 |

인간의 내면을 등가적 사물로 유추한 시세계

제4회 계간문예문학상 시 부문 심사위원들은 최종 후보작을 놓고 논의했다.

심사의 공정성을 기하기 위하여 하루 전에 위촉받은 심사위원들은 이름 없이 놓여 진 작품만을 보고 심사했음을 밝혀둔다. 시인의 이름과 시력을 모르고 심사한다는 것은 오류를 범할 소지가 있겠으나 심사의 공정성을 기하기 위해서는 최선의 방법으로 여겨진다.

요즘 시단의 조류는 산문 같은 긴 시가 많아졌다. 시의 특성이 언어의 압축이고 비유인데 그것을 등한시하고 산문화 되어가고 있다는 것은 모순이 아니겠는가. 몇 번을 읽어도 이해가 되지 않고 안개 속처럼 모호한 시는 결코 좋은 시가 아니다.

이에 비해 방지원의 〈사막의 혀〉 외 4편은 시의 정체성을 회복하려는 한 규범으로까지 보인다. 이 시인의 세계는 황막한 현실 속에서 살아가는 현대인들의 삶의 지향성과 근원적 물음에 대한 성찰이 투명하게 나타나있다. 사막의 현실을 헤쳐 온 고통과 비애에 대한 시선을 인간적인 입장에서 조응함으로써 허무와 절망을 이겨나갈 수 있는 통로를 제시해줄 뿐만 아니라 사람과 사물의 동질성과 거기서 얻는 삶의 새로운 질서를 얻고 있다. 인간에 대한 시인의 시안은 다른 작품에서도 지속적으로 나타나있다. 〈사막의 혀〉에서는 '태양이 지는 쪽 비탈'의 늙은 아버지의 삶을, 〈안구건조증〉에서는 '슬퍼도 눈물이 안 나올' 어머니의 삶을, 〈젖은 나무〉에서는 중3 때 '젖은 나무가 화력이 더 세냐' 고 질문한 선생님의 삶을, 〈거울과 타협하기〉에서는 '오래전에 바람에 맡긴' 언니의 삶을, 〈라인댄스를 하다〉에서는 '줄이 줄을 서 춤을 추는' 우리네의 삶을 시세계의 중심에 두고 있다.

산문화 되어가고 있는 요즈음의 시단 조류에서 수상작 〈사막의 혀〉는 수사와 관념을 앞세우지 않고 간결하고 선명한 이미지로 짧은 시형을 구성해 놓고 있다. 아버지의 한 많은 삶을 사막과 낙타를 통해 조응함으로써 내면을 등가적 사물로 유추한 시인의 추구력과 시세계가 개성적이다. 거기다가 시행과 시행 간의 이미지 연결과 무리 없는 시상 전개를 구사하는 솜씨가 수상작에 이를 만큼 그 위치를 분명히 자리 잡고 있다. 수상자에게 축하의 박수를 보낸다.

- 계간문예문학상 심사평 **김창완**(시인) **권달웅**(시인)

참신한 감성과 지적 이미지의 시세계

방지원 시인을 알게 됨을 흐뭇하게 생각할 때가 많다. 그중에서 더욱 흐뭇하게 하는 것은 그의 현대시에 대한 열정이다. 모티브의 신성성과 이를 이미지화하는데 있어서의 그의 노력은 눈부실 만큼 빛나고 있다.

방지원의 시세계는 의식적인 면에서 본다면 현대의 과학문명 속에서 오늘의 현실을 살아가는 인간의 모습을 시인의 형이상학적인 신념으로 시적 이미지화하고 있다.

이는 재래의 서정시인들이 사물을 주관적인 심경으로 노래하던 것과는 확연히 다른 지적 의식 세계를 바탕으로 하는 지적 서정의 시세계인 것이다.

방법론적인 스타일면에서 본다면 사물을 객관적인 시각에서 냉철하게 관찰하면서 거기에서 얻어지는 시적 감흥을 지적인 시각에서 이미지화한 다음 이를 새로운 언어감각으로 표현함으로써 시세계에 참신성을 부여하고 있다. 이러한 기법은 최근에 널리 시도되고 있는 포스트모더니즘의 하이퍼 리얼리즘에 접근하는 것인 만큼 새로움을 느끼게 한다. 결론적으로 이번 시집은 현대적 의식세계를 참신한 언어감각으로 잘 표현하였다는 것이다.

- 첫시집《한 고슴도치의 사랑》해설. 김경린(시인 · 한국신시학회회장) 중에서

침묵으로 용해하는 존재의 순수

첫째_ 영원한 존재에의 지향

방지원 시인이 상재하는 두 번째 시집《비단슬리퍼》를 일별 하면서 존재의식에 관해서 생각해보는 것은 방지원 시인이 탐색하는 진실이 그냥 존재라는 사슬에 묶여있지 아니하고 지적인 사유의 확대와 신앙인으로서의 신심이 연결고리를 갖는 존재에 대한

심도 있는 주제에 천착한다는 점에서이다.

둘째_ 성찰의 여백 혹은 침묵의 언어
〈불치병〉 등에서 보듯이 이러한 '침묵의 언어'들이야 말로 방지원 시인이 존재 가치의 절대성으로 인식하는 합일의 방정식이다. 시적 화자로서의 그가 지닌 영원성이며 절대자의 은총에 다가가려는 시인의 혜안이 맑게 그리고 영롱하게 빛을 뿜고 있다. 그가 지향하는 존재의 가치는 형이상적인 정신세계의 구현이다.

셋째_ '그'의 인식적 위상과 사랑학
방지원시인에게서는 간과할 수 없는 화자에 대한 의미성이 남아있다. 바로 '그'라는 화자의 정체성이다. 인간에게 실현되어야 할 가치로서의 사랑학이다.
방지원 시인이 시세계와 시정신을 통해 광범위하고 더 높은 이상향의 구축을 위한 존재와의 합일과 조화를 기원한다면 이 사랑학은 형이상시로 정착할 수 있을 것이기 때문이다.

- 제2시집《비단슬리퍼》해설. **김송배**(시인 · 전 한국문인협회 부이사장) 중에서

시로 춤추어지는 물 꽃 바람

방지원의 시편들은 물(비, 강, 바다 포함)을 끌어다 쓴 시편들이 유난히 많다.
방지원의 물은 사물로서의 액체가 아니다. 늘 '품고 사'는 청각

화 된 가치이고 그 가치의 세계를 정화시키며 '피돌기에 합류하'게 하는 생명적 힘인 것이다(〈물소리〉〈강변〉).

이 시집에서 특히 두드러지게 눈에 띄는 또 하나의 사물은 '바람'이다. 지금까지의 인습화된 바람이 아닌 새로운 의미의 바람이 그의 시속에 불고 있다. 그 바람으로 하여금 시의 격조를 새로운 경지로 이끌어 올리게 한다. 새로운 시를 위해 '언제나 사단은 바람'인 셈이다(〈차 한 잔〉〈머플러〉).

자신의 감성과 직관으로 세상의 사물을 새롭게 인식하고 가치를 발견하여 우리에게 제시하고 있다. 이 시집의 물은 오직 방지원만의 새로운 물이요 바람도 방지원이 발견한 새로운 바람이다. 방지원의 춤도 매우 신비한 세계로 우리를 이끈다.

'달에서 춤을'이란 제목부터 심상치 않다. 우리가 흔히 보는 흥겨움이나 슬픔의 몸짓이 아니다. '잃어버린 모든 것을 찾을 수 있는 매우 신통력 있'는 춤이다. 구체적으로 말하면 '꽃이 피고 파도가 출렁이'게 하는 춤이요, 화가가 그림을 그릴 수 있게 해주는 '구원'인 것이다. 방지원의 달이나 춤은 이렇게 신비화되어 새로운 가치로 재탄생되는 것이다.

- 제3시집《달에서 춤을》해설. **문효치**(시인 · 한국문인협회 명예회장) 중에서

존재 탐구, 그 성찰의 깊이

방지원 시인의 시를 읽으면서 나는 하이데거의 이론을 떠올렸다. 하이데거는 말한다. "시인의 사색이 이르고자 하는 곳은 존재가 환히 트임으로써 이룩되는 자리"라고. 바로 이 자리에 방지원

의 시가 숨 쉬고 있음을 본다.

  시인은 온갖 뜨개질의 방법으로 생의 존재와 교감을 노래하고 있다. 그것은 삶의 체험과 시적 경험을 동시에 수반한다. "한번 꼬인 실은 자국이 남는다."고 고백하는 시인의 이 진지한 성찰은 하나의 잠언이다. "곱게 우직하게 때론 여우볕처럼/꼭 맞는 뜨개질은 어렵다"고 우리에게 귀띔해주는 것은 세상을 살아가면서 '관계' 속에서 터득한 진리인지도 모른다(〈관계〉).

  시인이 보여주는 이 연민의 정은 남들처럼 환희에 찬 목소리로 자연만을 찬양하는데 머무르지 않고 사람에 대한 애정을 복합적으로 드러내는, 의식 확장의 시적 효과를 갖고 있다. 시인은 "사람이 세상을 떠나도/천지를 들썩이며 꽃은" 핀다고 했다. 이 한 구절만으로도 우리의 내부에 존재하는 경험을 일깨워 재경험하게 만들고 있다. 목련꽃 아래 친구들이 모여 봄의 향연을 "환하게 사진"으로 남기고 있을 때, 시인은 삶과 죽음의 본질을 느낀다. "꽃을 닮아/몸 속 깊숙이 꽃기운을 들인/목련가지 하나/빈자리 그의 이름으로" 서있는 광경을 상상해보라. 우주 속에서 시인의 새로운 이 발견을 보라. 그래서 봄볕이 고마워 "두 손으로 받"는 것이다. "어머니를 기다리는 시간은 늘 추웠"지만 "추위 절은 등 뒤로 쏟아지는/봄볕은 공평"(〈춘분〉)함을 깨닫는 것이다.

  결론적으로 방지원의 네 번째 시집 시편들은 죽음과 삶의 존재가 시인의 내적 감성을 지배하고 있음을 보여준다. 시 전편에서의 '열린 세계'는 시인의 존재 인식과 탐구, 그리고 삶에 대한 명상과 성찰에 기인하고 있다.

  - 제4시집 《짝사랑은 아닌가봐》 해설. 허형만(시인·국립목포대학교 명예교수) 중에서

물 같은 세월과 자아 인식

책머리를 장식한 〈느낌표〉 이하 일흔두 편의 작품을 수록한 방지원의 다섯 번째 시집 『치즈가 녹기 시작하는 온도』가 나왔다. 이 시인이 시단에 등단한 시기는 지난 세기의 막바지에 해당되는 1999년도였으니 방지원 시인의 시작활동은 유별나게 정력적으로 이루어져 온 셈이다.

여류시인들은 남성의 경우와 다른 특성을 가지고 있다. 제재가 되는 사물, 또는 체험 내용을 그들은 날렵하고 산뜻하게 감각적 등가물로 대치시킬 줄 안다. 방지원 시인의 작품에도 그런 여류시인의 기본 덕목이 여기저기에 나타난다(〈문패〉).

일상생활의 틈바구니에서 우리의 삶은 늘 아슬아슬한 긴장의 연속일 수밖에 없다. 여유를 느낄 새도 없이 그렇게 우리 삶은 흘러가버리는 것이다. 어느 모로 보면 시란 그런 생활 속의 긴장감에서 우리를 풀어주는 촉매제 구실도 해야 한다. 특히 시인에게 시 쓰기란 우리가 오래도록 잊고 지내왔던 삶의 여유를 마음속 깊은 곳으로부터 되찾아주기 위한 끊임없는 훈련이며 연습이었을 것이다. 논리와 실질, 효율만을 앞세운 생활이 얼마나 인간 영혼을 피폐하게 만드는지는 따로 설명이 필요치 않다. 시인에게서 시란 현세대가 오래 잊고 지내왔던 인간적인 모습들을 되짚어 복원해내기 위한 유력한 도구인 셈이다(〈평균대 위를 걷다〉).

- 제5시집 《치즈가 녹기 시작하는 온도》 해설
김용직(서울대 명예교수 · 대한민국학술원 회원) 중에서

존재와 시간, 삶의 평균대 위를 걷다

　방 시인의 시선視線은 삶의 본질을 향하는 길목에서, 결국은 인간관계, 존재의 비애, 고독, 인간과 시간에 대한 불가능한 도전에서 분노와 체념을 겪으면서도 현실에서 '오늘'을 소중히 아끼며 시와 삶을 사랑하고 자아 성숙의 노력을 보여주고 있다. 세상과의 거친 부대낌을 앓으면서도 부대낌이 심할수록 더욱 뜨겁게 용솟음치는 시심을 본다(〈괄호〉).

　소리 없이 시간이 빠져나가도 삶의 나날은 이어져야지, 이 애석함에서 공상은 날개를 달고 날아간다. 그 상상의 깊이가 심오하고 놀랍다. 그는 시간을 시계처럼 돌려본다. 금방 세상이 정지된다. 너와 나의 이야기도 끊어진다(〈모래시계〉).

　시는 언어이지만 언어로 아득하고 자욱한 마음의 세계를 다 담아낼 수 없는 것이 '시'인 것 같다. 시인의 울음은 겉으로 드러나지 않은 채, 죽음에 이르게 하는 시간, 괴물 같은 시간을 죽이고 싶어 '돈키호테'처럼 싸워도 봤다. 그러나 결국 시간 앞에 무릎을 꿇고 쓰디쓴 별리別離, 존재의 비애, 허망한 고독을 씹어야 하나 추슬러 희망, 꿈, 이상의 사다리를 오르려는 인간다운 긍정적인 고뇌는 우리 모두의 것이 아닐까. 또한 인간관계며 눈앞의 부조리에도 준열함을 보이는 올곧고 성실한 시인의 통찰력에 큰 박수와 응원을 보낸다. 앞날의 발전을 기대하며 건강과 건필을 기원한다.

　　　- 제5시집 《치즈가 녹기 시작하는 온도》 해설. **김정원**(시인) 중에서

계간문예시인선 145

방지원 시집_ 사막의 혀

초판 인쇄 | 2019년 7월 25일
초판 발행 | 2019년 7월 31일

지 은 이 | 방지원
회　　 장 | 서정환
발 행 인 | 정종명
편집주간 | 차윤옥

펴낸곳 | 도서출판 **계간문예**
편집부 | 03132 서울 종로구 삼일대로 30길 21 종로오피스텔 1209호
주소 | 03132 서울 종로구 삼일대로 32길 36 운현신화타워 305호
전화 | 02-3675-5633, 070-8806-4052
팩스 | 02-766-4052
이메일 | munin5633@naver.com
등록 | 2005년 3월 9일 제300-2005-34호
ISBN 978-89-6554-205-6 04810
ISBN 978-89-6554-118-9 (세트)

값 10,000원

잘못 만들어진 책은 바꾸어 드립니다.

이 도서의 국립중앙도서관 출판예정도서목록(CIP)은 서지정보유통지원시스템 홈페이지 (http://seoji.nl.go.kr)와 국가자료공동목록시스템(http://www.nl.go.kr/kolisnet)에서 이용하실 수 있습니다. (CIP제어번호: CIP2019029640)